1,000,000 Books

are available to read at

www.ForgottenBooks.com

Read online
Download PDF
Purchase in print

ISBN 978-0-243-92889-7
PIBN 10733570

This book is a reproduction of an important historical work. Forgotten Books uses state-of-the-art technology to digitally reconstruct the work, preserving the original format whilst repairing imperfections present in the aged copy. In rare cases, an imperfection in the original, such as a blemish or missing page, may be replicated in our edition. We do, however, repair the vast majority of imperfections successfully; any imperfections that remain are intentionally left to preserve the state of such historical works.

Forgotten Books is a registered trademark of FB &c Ltd.
Copyright © 2018 FB &c Ltd.
FB &c Ltd, Dalton House, 60 Windsor Avenue, London, SW19 2RR.
Company number 08720141. Registered in England and Wales.

For support please visit www.forgottenbooks.com

1 MONTH OF FREE READING

at

www.ForgottenBooks.com

By purchasing this book you are eligible for one month membership to ForgottenBooks.com, giving you unlimited access to our entire collection of over 1,000,000 titles via our web site and mobile apps.

To claim your free month visit:

www.forgottenbooks.com/free733570

* Offer is valid for 45 days from date of purchase. Terms and conditions apply.

English
Français
Deutsche
Italiano
Español
Português

www.forgottenbooks.com

Mythology Photography **Fiction**
Fishing Christianity **Art** Cooking
Essays Buddhism Freemasonry
Medicine **Biology** Music **Ancient Egypt** Evolution Carpentry Physics
Dance Geology **Mathematics** Fitness
Shakespeare **Folklore** Yoga Marketing
Confidence Immortality Biographies
Poetry **Psychology** Witchcraft
Electronics Chemistry History **Law**
Accounting **Philosophy** Anthropology
Alchemy Drama Quantum Mechanics
Atheism Sexual Health **Ancient History**
Entrepreneurship Languages Sport
Paleontology Needlework Islam
Metaphysics Investment Archaeology
Parenting Statistics Criminology
Motivational

ORO NON COMPRA AMORE

DRAMMA GIOCOSO PER MUSICA

DA RAPPRESENTARSI NELL'IMPERIAL TEATRO

DI VIA DELLA PERGOLA

LA PRIMAVERA DEL 1811.

SOTTO LA PROTEZIONE

DI SUA MAESTÀ

NAPOLEONE I.

IMPERATORE DEI FRANCESI
RE D'ITALIA
E PROTETTORE DELLA CONFEDERAZIONE
DEL RENO.

FIRENZE
PRESSO GIUSEPPE FANTOSINI
1811.

ATTORI

IL MARCHESE Feudatario
   Sig. Filippo Destri.

PANCOTTO Fattore del Marchese
   Sig. Giovanni Rossi.

ROSINA Figlia di Pancotto
   Sig. Anna Morroni.

LISETTA Sorella di Rosina
   Sig. Carolina Ferri.

GIORGIO Villano Amante di Rosina
   Sig. Giuseppe Liparini.

CECCO Villano Amante di Lisetta
   Sig. Pio Botticelli.

LENA Nipote di Pancotto
   Sig. Elisabetta Gucci.

La Musica è del celebre Sig. Maestro
Marco Portogallo.

Primo Violino, e Direttore dell'Orchestra
Sig. Gio. Felice Mosell'.

Maestro al primo Cimbalo
Sig. Michele Neri Bondi.

Secondo Cimbalo	Sig. Luigi Barbieri.
Primo Viol. dei Secondi	Sig. Salvatore Tinti.
Primo Violino dei Balli	Sig. Alessandro Favier.
Primo Violoncello	Sig. Guglielmo Pasquini.
Primo Contrabbassi	{ Sig. Francesco Paini. Sig. Cosimo Corona.
Prima Viola	Sig. Ranieri Mangani.
Primo Oboe	Sig. Egisto Mosell.
Pr. Fagotto e Corno Ingl.	Sig. Giuseppe Closset.
Primo Flauto	Sig. Luigi Vanni.
Primo Clarinet	Sig. Francesco Tuly.
Primo Corno	Sig. Pasquale Baldini.

Pittore, e Inventore delle Scene Sig. Luigi Facchinelli di Verona. Figurista Sig. Gaetano Piattoli.

Macchinisti, e Direttori del Palco Scenico
Sigg. Giuseppe, e Candido Borgini.

Il Vestiario sarà eseguito per gli Abiti da Uomo dal Sig. Francesco Ceseri, e per quelli da Donna dal Sig. Giuseppe Bagnani
Sartori Fiorentini.

I Balli saranno composti e diretti dal Sig. GAE-
TANO GIOJA, e saranno eseguiti dai seguenti

Primi Ballerini Serj assoluti
Sig. Vincenzio Odrini.   Signora Luigia Chiari.

Primi Grotteschi a vicenda
Signori
Gaet.   Carolina   Filippo   Maddalena
Fissi.   Ronzi Gentili.   Gentili.   Fissi.
Giovanni Poggiolesi.

Altri Primi Ballerini
Sig. Pietro Mousset.   Signora Carolina Chiari.

Primo Ballerino per le Parti
Sig. Luigi Costa.

Primi Ballerini fuori dei Concerti
Sig. Giuseppe Bocci   Sig. Maria Bocci.

Con numero 24. Ballerini di Concerto.
e 60. Figuranti.

IL RITORNO
DI TELEMACO
IN ITACA

BALLO EROICO PANTOMIMO
IN CINQUE ATTI

COMPOSTO E DIRETTO
DAL SIG. GAETANO GIOJA

AL RISPETTABILE PUBBLICO
FIORENTINO

L'*Amor filiale di Telemaco Principe d' Itaca*, il di lui valore, i suoi viaggi per rintracciar contezza dell' Illustre suo Padre Ulisse, l'insidie apprestateli sul mare dai Proci di Penelope per distruggerlo, e la decisa protezione di Minerva a di lui favore, sono oggetti d'una erudizione così comune, che mi dispensa dall'esporli ad un Pubblico tanto culto con qualche dettaglio.

Non così mi credo dispensato dal render conto di qualche licenza ch'io mi son permessa in trattare quest'Argomento, allontanandomi alquanto dall' Odissea prima, e vera mia norma. La differenza sostanziale che passa fra l'azione d'un Epopea, e quella di un Teatrale Spettacolo non meno che il desiderio d'accrescere l'interesse, la pompa mitologica, ed il calor progressivo della rappresentanza mi hanno obbligato ad introdurvi alcuni episodj non estranei del tutto al soggetto, nè repugnanti ai caratteri principali, ma di cui si cercherebbero in vano le tracce presso il Greco Poeta.

Quest' ardimento autorizzato oramai dall'uso e reso quasi necessario dai vincoli severi d'unità, di tempo, e d'azione, ebbe la sorte di vedersi, mi sia permesso dir, sanzionato dal più felice successo, allorchè per la prima volta venne esposta da me questa mia produzione sul Real Teatro di S. Carlo di Napoli nell' Anno 1804.

Non sò s'io possa lusingarmi d'un egual resultato presso questo Pubblico sì rispettabile, e intelligente. La sua generosa indulgenza da me felicemente esperimentata in altre occasioni, se non vale a rassicurarmi del tutto contro la cognizione delle limitate mie forze, è però sempre l'unica base, su cui si fonda la mia speranza, e la meta dei miei rispettosi fervidi voti.

Gaetano Gioja.

L'Azione è in Itaca, e nelle sue vicinanze.

PERSONAGGI

ITACENSI | LESBI

ULISSE Re d'Itaca
Sig. Giuseppe Boccio

EVENORE Re di Lesbo amante non corrisposto di Penelope, e Padre di
Sig. Luigi Costa.

PENELOPE sua Consorte
Sig. Carlotta Chiari.

ARSINOE Amante di Telemaco
Sig. Luigia Chiari.

TELEMACO loro Figlio
Sig. Vincenzio Oldrini.

Sue Confidenti
SIGNORE
Carolina Ronzi
Maddalena Loni.

MINERVA sotto la figura di Mentore
Sig. Maria Boccio.

Proci che aspirano alla mano di Penelope
SIGNORI
Filippo Gentili.
Gaetano Fissi.
Poggiolesi.
Gagliardi.
Borresi.
Gagliani.
Bisio.

Seguaci confidenti di Evenore
SIGNORI
Pietro Musset.
Gaetano Fissi.
Filippo Gentili.
Giovanni Poggiolesi.
Raffuele Canani.
Antonio Sarti.
Gagliani.
Borresi.

Grandi del Regno.
Donzelle. Guardie.

Donzelle.
Soldati.

La Musica è di varj celebri Autori.

ATTO PRIMO

Luogo presso alla Reggia destinato per le sfide de' Proci. Palco Reale. La Corona destinata al Vincitore è sopra d' una base in cui vi è scritto

PENELOPE FIA PREMIO AL VINCITORE

1. Si alza il Sipario, e si vede Arsinoe, che prende una viva parte ai successi del Padre. Evenore resta vincitore. I Lesbi danno moto ad una danza: S'annunzia il ritorno di Telemaco, ed Arsinoe invia ad avvertirne Penelope Entra Telemaco con Mentore, ed infonde la gioja nell' Itacensi, il rammarico ne' Lesbi. Telemaco s'irrita comprendendo l' oggetto de' celebrati giochi, e intima ad Evenore di depor l' idea dell' Imeneo di Penelope. Questa sopravviene coperta d' ampio velo (simbolo del conjugale contegno) gioisce nel trovarsi tra le braccia il figlio, e gli cerca nuove d' Ulisse. Mortificato il giovane espone essere state inutili le sue ricerche. Smanie di lei, e degli Itacensi, gioja de' Proci. Mentore assicura allora, che Ulisse vive, e che non è lontano il di lui ritorno. Evenore si slancia contro del vecchio, che vien difeso da Telemaco, e dispregia l' aggressore. Arsinoe gioisce colla Regina, e s'interessa per la salvezza del Figlio. Questi resta colpito dai vezzi della Principessa, e Mentore l' osserva con dispiacere. Evenore esulta, e fa travedere la speranza, col prevalersi della nascente fiamma del giovine per la sua figlia. Animato da ciò,

presenta a Penelope il conseguito Serto, che vien con indegnazione rigettato. Freme Telemaco, si scaglia contro Evenore, ma vien trattenuto da Arsinoe che tra loro si frappone. Sente rammarico che questa sia figlia d'Evenore. La Regina ordina al figlio di seguirla nella Reggia, ed egli mostrandosi irresoluto, ed incerto, vien da Mentore a forza trascinato, mentre Evenore trae seco la figlia, e si ritira per la parte opposta co' suoi.

ATTO SECONDO

Gabinetto Reale d' Arsinoe.

Evenore entra colla figlia, e le ordina di sedurre Telemaco, desiderando dargliela in moglie. Essa già presa del giovane promette di compiacerlo, ed accenna alle Damigelle che la seguono, d'apprestar l'occorrente onde adornarsi. Elleno dispongono il tutto, scoprono lo specchio in faccia al quale Arsinoe si orna di gemme, e di ricche vesti: Comparisce Telemaco, e incantato da tanta bellezza non può frenare il trasporto, e amendue si abbandonano alla gioja, ed alla danza. Sopravviene Mentore turbato, e impone all'alunno di allontanarsi, sconcerto reciproco degli Amanti. Si odono intanto a grado a grado, e si vedono gli effetti d'una tempesta: Alcune Donzelle, e alcuni de' Grandi precedon la Regina, che sbigottita viene a sollecitar il figlio, e gl'Itacensi a correr in ajuto di chi è per naufragare: anche la giovane prega; per lo che Telemaco più sollecito d'ogni altro parte. Penelope disprezzando Evenore che si avanza, incoraggisce ognuno, e vola sulle tracce del Figlio, seguita da Arsinoe, e da Evenore; mentre la procella và calmandosi.

ATTO TERZO

Spiaggia di Mare. Bosco di Cipressi con varj Sepolcri, tra' quali uno colla seguente Iscrizione.

ALLA MEMORIA DELL' ESTINTO ULISSE

La Flotta de' Traci, che accompagnava Ulisse è dispersa dal furor della burrasca, e vedonsene gli avanzi. Il solo Ulisse, a stento si arrampica per gli scogli, e dopo gran fatica prende la spiaggia, sulla quale gettasi anelante, e spossato. A poco a poco riprende vigore, si alza, s'aggira sul lido, compiange i perduti seguaci, ravvisa il luogo, riconosce i Sepolcri degli Avi, e inginocchiatosi ringrazia gi Dei, e và per inoltrarsi verso la Città. La vista del Monumento, eretto alla sua memoria, lo arresta, e risveglia in lui la gelosìa, e il furore; impugna la spada (unico avanzo del naufragio) e con essa tenta di cancellar l'iscrizione. Telemaco giunge frettoloso, vede lo straniero, che tant'osa, gl'impon di desistere. Egli nol cura; per lo che irritato il giovine lo investe col ferro. L'Eroe si difende, e nel bollor della pugna comparisce Penelope, chiede pietà pel figlio, Ulisse si scuote, la riconosce, getta l'acciaro, precipita nelle sue braccia: Telemaco assicurato da Mentore, esser quello suo Padre, stringe le di lui ginocchia. Le Damigelle, i Grandi, e il popolo accorrono in folla, per riveder l'amato Sovrano. Evenore, Arsinoe, i Lesbi, apron la folla, premurosi di saper l'accaduto. Alla vista di Ulisse Evenore si turba; ma vien da' suoi consigliato a dissimulare; per lo che rimettesi, e si congratula col Re. Questi è avvertito dalla Moglie a non prestar fede a quello scellerato. Arsinoe tenta persuader gli astanti a credere alle dimostrazioni di gioja del Genitore. Evenore espone avere aspirato alla mano della Regina, credendo Ulisse morto; ma egli vivo, e di ritorno cangia consiglio, e anzi accorda la figlia a Telemaco. Ciascuno resta convinto: Arsinoe esulta, il popolo gioisce; ma in mezzo a tali dimostrazioni il barbaro lascia travedere le cattive intenzioni, che nutre. Arsinoe impaziente accenna d'andare alla Reggia: tutti acconsentano di buon grado, e precedendo, e seguendo il Monarca, in bell'ordine ritiransi.

ATTO QUARTO

Atrio della Reggia adorno per l'arrivo d'Ulisse. Tende che chiudono l'intercolonio.

Evenore seguito dagli Amici trascina la figlia tremante: Situa quà e là delle guardie, esige dalla medesima una cieca obbedienza. Impallidisce Arsinoe, e tituba alquanto. Egli le dà uno stile, e le intima di trafigger Telemaco mentre i Lesbi sul far della notte s'introdurranno nella Reggia per trucidare il Monarca. La Donzella getta lo stile: il Padre furibondo lo raccoglie, e minaccia ucciderla; essa gli offre il petto, ma gli amici frappongonsi, e la stimolano a obbedire il Padre. Ei discacciandola; la lascia stesa al suolo priva de' sensi. Una lieta marcia annunzia l'arrivo d'Ulisse. Evenore inveisce di nuovo contro la figlia, per lo che i suoi protestano di vendicarlo: a tal'offerta depone il furore: alcuni di loro adagiano Arsinoe sovra un sedile, nell'atto, che si dischiudon le tende. Vedonsi le Donzelle con rami d'alloro spargendo fiori, che precedono le persone Reali portate dal Popolo in atto di trionfo sopra connessi Scudi: Mentore invita il popolo a prestare omaggio al suo Re. Di furto Evenore impone segretezza alla figlia su quanto accadde, fingendosi cangiato, e per prova la presenta a Ulisse, quindi a Telemaco che discende, e corre tra le di lei braccia. Il Padre l'unisce al giovanetto, quindi porge la mano ad Ulisse in segno d'amicizia. Scende questo, e lo abbraccia: tutti esultano, e danno moto ad una danza generale. Avanzandosi la notte il Re, e tutti per diverse parti ritiransi, Restato l'Atrio vuoto torna Evenore con i suoi, i quali giurano esser pronti a vendicarlo. Si avanza un corpo di Lesbi, e dividendosi in due penetrano nella Reggia. Un confuso rumore annunzia la pugna interna, indi sboccano da ogni lato i combattenti, e tutta la Reggia è in disordine. Ulisse abbatte chiunque gli si para d'avanti; mentre Evenore trascina Penelope scarmigliata, e minacciando trafiggerla, intima al Re di desistere. L'Eroe è contrastato; ma preferendo la sicurezza della Consorte alla sua, cessa di combattere, e sorpreso dalla moltitudine de' nemici, è condotto sulle tracce d' Evenore, che seco trae la desolata Regina. Si abbassan le tonde, e Arsinoe ansante cerca lo Sposo, lo incontra, vien da lui discacciata, e parte colle sue Damigelle in gran desolazione.

ATTO QUINTO

Orrido Carcere sottoposto alla Reggia.

S'inoltra il tiranno traendo la Regina che resistendo a' di lui attentati, minaccia svenarla. Entra Ulisse scortato da' Lesbi: smanie de' Coniugi, gioja del Barbaro, che vedendogli gli condanna ad amarsi ivi sepolti: amendue disprezzan la morte: onde per farli vacillare, ordina, che Ulisse sia condotto altrove, per esser trucidato. Penelope è al colmo della disperazione, ma Ulisse sostien da Eroe la sua sventura. In questo giunge Arsinoe respingendo le guardie, che le negano il passo, gettasi ai piedi del Padre, implora pietà per quei miseri. Ei la discaccia, e giunge per fino a chiedere al Cielo i suoi folgori sopra di lei. L' infelice inorridisce, copresi il volto colle mani, e resta in tale abbattimento. Alcuni Lesbi inseguiti, annunziano la venuta di Telemaco con forte stuolo. Il tiranno esalando furore ordina che i Regnanti fiano avvinti a un pilastro per esser immolati. Telemaco alla testa de' suoi avanzandosi respinge i nemici. Evenore non vedendo altro scampo minaccia di trafiggergli i Genitori sugli occhi, se non cede, ma in quel momento medesimo si presenta Mentore, e riprende la figura di Minerva. Il suo aspetto atterrisce lo scellerato, ed i suoi, che sbalorditi si danno alla fuga. Arsinoe è incoraggita dalla Dea, che l'unisce a Telemaco. Gl'Itacensi si prostrano avanti di lei, che promette loro assistenza. Mentre i Lesbi fuggano ed inabissano, la carcere sparisce, e vedesi la Reggia di Minerva colla Dea circondata da Ulisse, e Penelope, da Telemaco, e Arsinoe; i quali restano in atto di rispetto, e venerazione. Alcuni Genj formano de' gruppi, e con questi termina il Ballo.

ATTO PRIMO
SCENA PRIMA

Piazzetta d'un Villaggio. Da un lato Palazzo del Marchese: dall'altro Casa di Pancotto.

Cecco, Pancotto, Lisetta, e Lenina.

Lis. Caro Padre, perdonate,
    Se da ridere mi viene,
    Vo' sposar chi mi conviene,
    Sol chi a genio mi può andar.
Len. La Lisetta dice bene,
    Sì, voi ridere la fate;
    Obbligarla se bramate
    Chi non ama di sposar.
Panc. Ma chetatevi, sentite,
    Ma lasciatemi parlar.
Cec. Lisa a me promesso avete   *a Panc.*
    Lisa meco fa all'amore,
    Mia carina, questo core   *a Lis.*
    Mi fai proprio giubilar.
Lis. Io vi accerto che il mio core
    Altri mai non saprà amar.
Len. Io ti accerto che il suo core
    Altri mai non saprà amar.
Panc. Già mi ha posto in un timore
    Che non sò che deggio far.
    Ma Bastiano....   *a Lisetta.*
Len. E' un babbuinaccio.
Panc. Ma Bastiano...
Len. E' un asinaccio.
Cec. Maledetto quel vecchiaccio

Che si vada a far squartar.
Panc. Ha dei titoli, e grand' oro.
Lis. Chi vi pensa?
Len. Che le importa?
Panc. Fra Bastiano, e fra costoro
Mi avrò certo ad inquietar.
Lis. Len. Tutti insieme lieti andiamo
Cec. a 3 Ritorniamo a vendemmiar.
Panc. Ancor' io lo stesso bramo,
Ritornate a vendemmiar. *Cecco parte.*
Aspetta un po'; ma come *a Lis.*
Tanto testarda sei
Da opporti adesso ai gran progetti miei?
Lis. Che progetti? *Panc.* Stamane
Si attende il Feudatario,
Se un doppio matrimonio
Si potesse compire adesso, o poi,
Non sarebbe un bisgiù per me, e per voi?
Lis. Ma di unirmi a Cecchino
Voi pur mi speranzaste, ed a Giorgino
Rosina prometteste,
A due promesse, ora mancar potreste?
Panc. Signora Dttoressa,
Altri tempi, altre cure:
Pensaci un po' per bene *a Lis.*
E si acciuffi la sorte quando viene. *par. con Lis.*
Len. S' ella si persuadesse; se Rosina
Accettasse il partito,
Fra Cecco, e Giorgio lo troverei marito. *par.*

SCENA II.

Rosina e Giorgio, la prima con una cestina d'insalata, ed il secondo con un cestino di frutti contrastando fra loro.

Ros. Dammi i frutti.

Gio. L' Insalata.
Ros. Nò, non voglio.
Gio. Nò, non cedo.
Ros. Ah! testardo!
Gio. Già ti vedo.
Ros. Insolente!
Gio. Non fai niente.
Ros Crepa.
Gio. Schiatta.
Ros. Sciocco. *Gio.* Matta.
Ros.   ) Non la vinci per mia fè.
Gio. a 2) Non ti lascio per mia fè.
Ros. Se tu prima non mi dai
      Delle frutta, Giorgio mio,
      L' insalata non vogl' io,
      Nò, non voglio dare a te.
Gio. Non mi fuggi, non mi scappi,
      Rosa mia, Rosa diletta,
      Che sii tu pur benedetta,
      Un tantino danne a me.
Ros. Un tantin! ah! sì furbetto,
      Un tantin te ne darò.
      Ah! nò, nò; te l' ho già detto,
      Le tue frutta prima vò.
Gio. Le mie frutta! ma cospetto!
      Perchè prima io n n lo sò.
      Via su dammi il fazzoletto,
      Che due frutta ti darò.
Ros. Giorgio mio, mi pare poco.
Gio. Mia Rosina non è poco.
Ros. Malizioso!
Gio. Tristarella!
      Pur ti voglio contentar.

3

Ros. Via, sù prendi, e dammi intanto
Prendi pur, prendila tutta,
Non v'è più da contrastar.
dandoli l'insalata.
a 2 Ah! che amore è un dolce incanto
Che scherzando, martellando,
Con diletto infiamma il petto,
E contenti ci fa star.
Gio. Cara Rosina mia, sai che a Pansotto
Finalmente ti chiesi, ed ei promise
Di darmiti fra un mese
Ros. Un mese! oh l'è pur lunga la faccenda!
Io vorrei che fosse oggi, perchè a dirtela
Carino in confidenza,
Io d'un Marito non potrei star senza.
Gio. (Corpo d'un belzebù, la bolle forte!)
Il tutto sarà fatto, ed io la mano
Di Sposo a te darò; e tu la tua
Rosina, a me darai, non è vero?
Ros. Giuro lo stesso anch'io.
Gior. Ah che non v'è maggior piacer del mio.

SCENA III.
Lenina, e detti.

Len. Ah Rosina, Rosina! Allegramente!
E' arrivato il Marchese...
Ros. Sua Eccellenza!
Che allegrezza! *in atto di partire.*
Gio. Ove vai? *Ros.* A incontrarlo,
A baciarli la mano.
Gio. Aspetta un poco: andremo insieme,
Una ragazza sola col Marchese
Non fa bella figura,
Vieni, vieni con me addirittura. *partono.*

SCENA IV.

Marchese Riccardo solo, indi Rosina, Giorgio, e Pancotto.

  Amore tiranno,
   Ferirmi perchè?
   Se al mio crudo affanno
   Non trovo mercè.
  Quel tenero oggetto,
   Che fiamme soavi
   Destò nel mio petto
   Avrà la mia fè.
  Fuggir lo vorrei,
   E a forza l'adoro
   Nel fiero contrasto
   Se vivo, se moro
   Un'anima amante
   Lo dica per me.
Più che il desio di rivedere i Beni,
Che mi son devoluti
Per la morte del padre; di Rosina
Il sembiante adorato
Ha in questo feudo il passo mio guidato.
 Eccola: quanto è vaga!
Ros. Eccellenza... Signore...
Gior. Ai piedi suoi
 Mi prostro, e mi ripiego......
Ric. Oh quanto avevo
 Piacere di vederti mia carina.
Ros. E la vostra Rosina
 Grazie, grazie vi rende.
Ric. Quanto amabil tu sei!
Gior. (Come s'intende?)   *a Panc.*
Panc. (Marchesa, gentilezza.)
Ric. Dal tempo, in cui ti vidi l'altra volta

Come sei divenuta
   Più graziosa, e più bella.
Ros. Che mi dice Eccellenza? Io non son quella.
Gior. (Pancotto? che ti pare? non vorrei...)
Panc (Il Marchese? Sei matto?
   Nelle parole sue
   Non c' entra la malizia.)
Gior. (Ah! và bene.)   *Ric.* Son lieto
   Di aver nel Feudo una gentil ragazza
   Come appunto tu sei.
Ros Troppi favori.
Gior (Pancotto? che ne dici?)
Panc. (Stà zitto, e lascia far: è tutto effetto
   Di pura urbanità.)
Gior (Bella fronte massiccia che ha papà.)
Ric. Andiam: Cara Rosina
   Mi servirai a tavola.
Ros. Con tutto il mio piacere.
Gior. Verrò ancor io a fare il mio dovere.
Ric. Non occorre.... mi basta sola lei. *parte*
Ros Addio...   *parte*
Gior. Ma io....   *Panc.* Ma che importuno sei?
   in atto che Giorgio vorrebbe andare dietro a
   Rosina, Pancotto le dà una spinta, entra
   nel Palazzo, e serra l'uscio.

SCENA V
Giorgio, indi Rosina poi Riccardo.

Gio Oh bella! a quel che vedo il sor Marchese
   Spinge la gentilezza troppo avanti...
   Pancotto dice che lo fà per solo
   Fine d'urbanità; e và benissimo
   Ma perchè mai è urbano
   Col sesso femminino solamente?
   Ah! questa cosa non mi piace niente.

Ros. Oh caro Giorgio mio! se sapessi
   Che belle cose!...
Gio. Sò che sei fraschetta.
   Non sò altro.
Ros. Che dici?   *Gio.* Col Marchese
   Cos' ai fatto? alòn presto
   Marcia là in casa, e penseremo al resto.
   mentre Rosina è per entrare in casa, esce
   Riccardo non veduto da Giorgio.
Ric. Ah nò.....   *Ros.* Nò certamente.
Gio. Come nò?   *Ros.* Io dicevo, al Marchese
   e Giorgio crede che dica a se.
   Non creder che non t'ami;
   A costo della vita,
   Solo tu sei la speme mia gradita.
Gio Brava! così và bene.   *il Marchese ride*
Ros. Or che ridete
   Più vago agli occhi miei, sì vi rendete.
Gio. Io non rido davvero.
Ros. Non vò ringraziamenti,
   il Marchese fa molti atti di
   baciamani e riverenze
   Bastano i complimenti,
   Eh via non fate tante riverenze.
   Oh grazie! mi confonde
   Con quella manierina sì ben fatta.
Gio. Io non mi muovo certo: questa è matta.
   Andiam; che son ridotto
   Più fragile d'un vetro.
Ros. Eccomi.   *Ric.* Ah!   *accostandosi dietro*
Gio. Chi mi soffia per di dietro?   *a Giorgio.*
Ric. Io, caro Giorgio.
Gio. Oh scusi   *turbato.*
   Eccellenza, se parto

Devo confabular colla Rosina.
Ric. Anzi partirò io.
Ros. Nò, nò fermate;   *al Marchese*
Voglio dirvi due altre cosettine.
Gio. (Due altre cosettine? ora capisco.
L'amico vendemmiava, ed io merlotto
Raccoglievo i granelli per di sotto)
Oh per bacco! per bacco!
Ros. Vai in collera?
Chetati, via, non farmi stare in pene;
Tu sai Rosina tua se ti vuol bene:
  Quell'occhietto, quel visetto
  E' la mia felicità.
Gio. Che diletto!)
Ric. Che dispetto) *al cor mi dà.*
Ros. Caro bene, a te prometto
  La più bella fedeltà.
Gio. Che contento!)
Ric. Che tormento!) *al cor mi dà.*
Lis. Non avere alcun timore;
  Zitto, zitto, vieni quà.
  Siedi, siedi, che all'amore
  All'impiedi non si fa.
  Dal piacer mi manca il core
  Mi vien male in verità!
  Uno spirito, un liquore
  Un po' d'acqua per pietà.
  Già ritornano gli amanti;
  Vò la scena vada avanti;
  Che piacere! che diletto
  Son cascati nella rete
  Donne mie così potrete
  Tutti gli uomini burlar.
     parte con Giorgio.

SCENA VI.
Marchese, indi Cecco, e Lisetta.

Mar. Che bel ripiego! m' ama
Lo vedo già; e quel villan dimostra
Con me gran gelosia;
Ma di sbrigarmen troverò la via *parte*
Lis Hai veduto Rosina
Con Giorgio brontolar? *sortendo dalla Casa*
Cec. L' ò vista, e credo (*con Cecco.*
Che lui abbia ragione.
E ch' ella glie ne dia occasione.
Fà troppo la fraschetta,
Perchè sà d' esser bella :
Nò; non somiglia a te la tua sorella.
Lis. Io per il mio Cecchino
Un Sovrano neppur baratterei.
Cec. Basta, basta così: sò ben chi sei.

SCENA VII.
Giorgio trattenuto da Rosina, e detti, poi il Marchese.

Ros. Ma cos' hai caro Giorgio? Il Marchesino
E' il fior dell' innocenza, e dell' onore.
Domandane a Papà. *Gio* Che bell' autore!
Papà, pei suoi costumi
E' un vero cornucopia a quattro lumi.
Cec. In somma la finite? *a Giorgio e Rosina*
Lis. Quanto deve durar cotesta lite?
Gio. Ma se l' è una girandola
Che non si fissa mai,
Or c' è in campo il Marchese.
Ros. A me il Marchese? nix: con lui scherzai.
A te sol voglio ben; te solo amai.
Cec. Via, via, un pò di pace: fate voi
Come facciam noi altri;

E lungi dal velen di gelosia
Diamo a tutti un esempio d'armonia.
abbraccia Lisa.

Ros. Sì sì: faremo in quattro.
Gio. Non vo quattro, nè otto.
Ros. Pace, pace mio caro
E in sì cari momenti
Ascolta del mio core i sentimenti.
    Vien quà Giorgino
        Vien quà da da me.
        D'amore il core
        Langue per te.
Gio.   Oh che dolcezza,
        Che tenerezza!
        Più dal piacere
        Non reggo in piè.
Lis.   Cecchino bello
        Vien quà da me
        Affetto in petto
        Sento per te.
Cec.   Oh che allegrezza!
        Che contentezza!
        Uom più felice
        Di me non v'è.
Ros.   Ah mio carino!...
Gio.   Mia coccoletta.
Lis.   Sei pur bellino.
Cec.   Sei graziosetta.
Ros.   D'amore il core
        Langue per te.
Lis.   Affetto in petto
        Sento per te.
a 4   Mi brilla l'anima
        Saltella il core,

Son tutto amore
Caro per te.

Ric. Cosa vedo!
sortendo, e vedendo Ros. *con* Gior.
Qual tradimento,
Che nera infedeltà!
Donna spietata, e barbara
Dov'è la tua costanza?
Dalle mie giuste furie
Salvarti chi potrà?

Ros. E' matto il poveretto,
E' matto in verità

Ric. E tu per quel soggetto?
Ros. Io di pensier cangiai.
Gio. Cec. La cosa ci scommetto
Che bene non andrà.

Gio. Cec. Già la mina và scoppiando
Và l'amico bestemmiando
L'arde in sen la gelosia,
Sembra a vento un molinello,
Ha nel corpo un mongibello,
Ma in sì critico momento,
E' sì fiera la sua rabbia
Che ho ragione se pavento
E di quà me ne vò andar.

Ros. Lis. Oh che caso, che momento!
Egli freme pien di rabbia
E' sì fiero il suo tormento,
Che si sente soffocar.

Ric. Oh che affanno che momento!
Smanio, e fremo dalla rabbia,
E' sì fiero il mio tormento
Che mi sento soffocar.

Ric. Alma infida, e disgraziata,

　　　　　　　Donna, perfida ed ingrata!　*a Ros.*
Ros. Lis. Oh che scena, dalle risa
　　　　　Ah è cosa da crepar.
Gio Cec. Meno chiasso, men fracasso.
Ric. 　　Paventate il mio furore.
　　　　　　　　　　　minacciando i Vil
Gio Cec　Si minaccia?
Ric. 　　O questo core
　　　　Qualche eccesso saprà far.
Gio. 　　Già la mina ec.
Cec. 　　Và l'amico ec.
Ros. Lis. Oh che caso ec. 　　*persuadendoli.*
Ric. 　　Oh che affanno ec.
　　　　SCENA VIII.
　　　　　Pancotto solo.
Pan. Il Marchese più in casa
　Non ritornò; và certamente dietro
　Alla mia vezzosissima figliuola;
　Ch'è bene ammaestrata alla mia scuola.
　Se il gran colpo mi riesce,
　Un gatto io son che tien fra l'unghie il pesce. *p.*
　　　　SCENA IX.
Marchese con bastone, poi Lisa indi Cecco,
　e finalmente Pancotto con Lenina e Giorgio
Mar. Dov'è quel gelosetto? Ardo di sdegno.
　All'ira mia s'involò l'indegno?
Lis. Oh Ciel che babilonia! in vita mia
　Io non sò dove diamine mi sia.
Cec. (Il Marchese con Lisa.) 　*resta da parte*
Lis. Eccellentissimo
　Per carità calmate
　Quel furor, che a vendetta vi trasporta.
Mar. Oh Ciel sì vaga sei,
　Che disarmi in un tratto i sdegni miei

Cec. (Come sarebbe a dire?) *Lis.* Ma non siete,
 Voi di Rosa l'amante?
Ric. L'amico esser vogl'io di tutte quante.
 Ma in strada non conviene di discorrere
 Cara di questo affare.
 Vien su al Palazzo, e lì potrem parlare.
Lis. Sì, sì, ci penseremo
 E quel che si dee far, risolveremo.
  Accanto a un marchesino
   A far l'innamorata
   Quanto ci son portata
   Nò, non è da immaginar.
  Sospiro, occhieggio, e piango
   Io tutto li prometto
   Ma lungi dall'affetto
   Ma fuor di fedeltà.
  Diran son pazzarella
   Ognun che dica dica
   La donna quando è bella
   Il tutto ben gli stà. *parte*
Cec. Corpo di marcotondo
 Questo la tien con tutte.
 Giovani, vecchie, siano belle, o brutte.
Panc. Ah Signore vendetta
 Del mascalzon di Giorgio...
 La povera Rosina
 È stata dal briccone maltrattata.
 A segno tal che n'ebbe una guanciata.
Ric. Ah birbante...
Cec. Il birbante *facendosi avanti*
 Non so poi chi sarà se Rosa, o Giorgio
 O qualche altro soggetto,
 Che vuol fare con tutte l'amoretto.
  in questo vien fuori Giorgio con Lena.

Gio. Dice bene Cecchino. *Ric.* E tu chi sei
 Che ardisci replicar? *Cec.* Sono chi sono.
Ric. Se non taci o villano, or ti bastono.
       minacciando. Checco.
Panc. Piano olà, che cosa fate *a Ric.*
  Questo, questo bastonate *accen. Giorg.*
  Chi vi offese è questo quà.
Gior. Che che che? tu cosa imbrogli? *a Panc*
  Se il Signor vuol tante mogli
  In seraglio vada là.
Ric. Questi, questi è il mio nemico, *accen Gio*
Cec. Len. Vedi vedi quale intrico!
Ric. Che facciamo? *a Giorgio.*
Len. Che pretende? *a Ric.*
Ric. Len. Cec. Questo è troppo in verità.
Ric. Ma il furfante, mio padrone,
  Torno a dirle è questo quà.
Gio. Stà a veder che col bastone
  Questa scena finirà.
Ric. Sia chi sia: voglio vendetta.
Cec. Sei ben matto a darli retta. *a Gior.*
Gior. Già lo sò: la storia è vecchia
  Che il più forte vincerà.
a 5 O che giorno si apparecchia!
  Che tempesta ci sarà.

SCENA X.

Salone in Casa di Riccardo ove stanno due
Statue vestite al naturale, con alabarde.
     Notte.
Cecco, poi Giorgio, indi Riccardo, e Pancotto,
    e poi tutti.
Cec. Soletto io vò vedere
  Per mia curiosità,
  Se Lisa il suo dovere

29

Sà fare come và.
In vece d'una statua
Vò mettermi in piantone
E tutto in conclusione
Così si scoprirà.
Leva la statua, e dietro si pone in vece di quella.
Silenzio ed'una mancia
A te quì si darà. *ad un servo*
Su spoglia spoglia quello
Poi piantami tu là
Dentro quà la mia smorfiosa,
Tiene orecchio al Cavaliere:
Quì con gl'occhi, e con le orecchie
Il mio fatto vò vedere
si pone dietro l'altra Statua,
E sul vivo s'anderà!
Ah ch'io sento un non so che!
guarda attorno.
Mamma mia ... che vedo ohimè.
fisando Cec.
Quel fantoccio par che movasi...
impaurito guardando Giorgio
Quella statua si contorce.
Ei discorre, ohimè che palpito.
Ah ch'ei parla... ohimè che tremito.
Che boccaccia.... non ho fiato.
Che brutt'occhio... or or sconocchio.
(a 2 Io son morto, son spedito....
(Ah che il Diavolo quì stà.
Dov'è quel gelosetto? *guarda per la casa*
Sfuggi dall'ira mia. *fa lo stesso*
(a 2 Se lo ritrovo, in petto
(Un forno gli farò.

Gio. Oh che altro intrico è questo!
Pan. Vedete che altro imbroglio!...
Ric. (Ma qui verrà quel tristo
Pan. (a 2   E qui l'aspetterò!   *siedono*
Cec. Or vedo di salvarmi.
Gio. Or vedo d'aiutarmi.
Cec.)
Gio.) a 2 Lascia quest'arme quà.

       Leva l'armi a Riccardo, e a Pancotto
Ric.   Misericordia... ajuto   *tremando*
Pac.   Il diavolo qui stà.   *spaventato*
Cec. Gior. Or tempo è di scappar.
Ros.Lis.Len. Cos'è? che fù, chi è quà.
                      con servi, e lumi.
Gio.   Sentite, sappiate...
         Mi palpita il cor.
Pan.   Quei busti guardate
         Si muovon ancor.
Ros.Lis.Len. Oh bella! sognate
   osservando i busti che non si muovono
         Che vano timor.
Ric.   Son ombre stregate
         Son statue dannate
         Un diavol cred'io
         Che in corpo v'entrò.
Ros.Lis.Len. Scostiamoci oh Dio!
         Più sangue non ho;
Ric.Ros. Bisogna spezzarle.
Len. Pan. Bisogna bruciarle.
         La casa nettata
         Così resterà.
Gior. e Cec. Un'altra frittata
         Succede ora quà.   *tremante*
Ros.   Olà servi fracassate

Quelle statue che son là.
i Servi van per bastonar le Statue.
Ah bricconi non menate... *si alza*
Eccellenza per pietà... *levandosi*
Ric. Lis. Panc. Come Cecco? *osservando Cec.*
Qui voi siete? *guardando Giorgio*
Ric Lis Panc. Ah poltrone!   *a Giorg.*
Deh fermate.
Ric. Lis. Panc. Ah Villano.   *a Cecco.*
Andate piano
Se voi fate qui rumore,
Qualche ciarla sul mio onore
La calunnia spargerà.
Zitto, zitto, è verità.
Come quel ruscelletto
Se altr' acqua in lui si mesce
Torbido, freme e cresce,
Torrente poi si fa.
Così di labbro in labbro
Giù, giù s' ode un sussurro
Poi forza và prendendo
La ciarla và crescendo
Finchè come un tamburo
Si sente strepitar.
Silenzio; e cheti, cheti
Non diamo agl'indiscreti,
Motivo di parlar,

Fine dell' Atto Primo.

ATTO SECONDO

SCENA PRIMA.

Piazzetta come nel primo Atto.

Cecco, Lisetta, e Lenina.

Len. Come? che narri?
Cec. Il ver: Rosina è andata,
  Se l' ha presa il Marchese. *Lis.* E Papà?
Cec. Se la ride a vostre spese.
  Da signora è vestita;
  E quella vanerella
  Non si rammenta più che è tua sorella.
Len. Ed il povero Giorgio?
Cec. Oh quel meschino
  Era in ver disperato,
  Ma a fare un passo io l' ho consigliato.
Lis. Sentiam, sentiamo pure.
Cec. Per introdursi in casa del Marchese
  Senza contrasto alcuno,
  Per parlar con Rosina,
  Preso ha un abito a nolo, e un parruccone,
  E come un Cavalier giunto di botto
  Dal Marchese sarà tosto introdotto.
Lis. Chi sà se li riuscisse
  Persuader la scapata. *Len.* Io ne son certa.
Lis. Rosina alla fin fine
  Non è trista ragazza.
  L'ambizion la fè pazza,
  Ma se le resta ancora un pò d'onore,

Tornerà, tornerà al primo amore. *partono*

SCENA II.

Camera in casa del Marchese con specchio
e toelette.

Rosina sola

Veh!... come! dove sono!
In qual luogo mi trovo! ah!... cosa veggo!
  guardandosi allo specchio
Una signora lì? meschina me.
Ah questo è un tradimento
Che il Marchese mi ha fatto
Sarà lei la Marchesa,
Che regna in questa casa
Signora, perdonate.. io non ho colpa
Ma questa non mi parla?
Hà tutto il gesto mio!
Non si muove di là? dunque son io.
Oh come son bellina! oh benedetta!
Di me non v'è l'eguale;
  si bacia nello specchio
Rassembro una Signora tale e quale.
Uh che gran meraviglia!
 và alla toelette toccando un campanello
Ah! un spirto folletto!
  prende il soffietto della cipria
Che sen vola per l'aria!
Che paura! che caldo! io sudo freddo,
Io mi sento morir così abbigliata.
Movermi non poss'io! me sventurata.

SCENA III.

Riccardo e detta, indi Pancotto

Ric. Rosina! Ros. Oh mio signor!
Ric. Così vestita
Quanto più bella sei!

Una venere sembri agli occhi miei.
Ros. Sì, ma con queste scarpe
 Non posso camminare,
 Muovermi non poss'io.
Ric. A ciò ti avvezzerai bell'idol mio.
Pan. Signor, di là l'attende
 Un personaggio grande, che desìa
 All'Eccellenza vostra favellare.
Ric. Gran personaggio! E ben fallo passare.
Ros. Papà? non son bellina?
Pan. Oh benedetta!
 Direi, se non sapessi
 Di tua madre l'onore,
 Che non sei figlia mia; ma d'un Signore. *p.*
Ros. Esser così vestita
 M'incomoda davvero. *Ric.* E che vorresti?
Ros. Alquanto riposare. *Ric.* Sì, mia vita,
 Il tuo piacere, il mio piacer sarà.
Ros. Grazie, grazie Signor della bontà. *parte*

SCENA IV.

Giorgio vestito magnificamente, e Riccardo

Ric. Vediamo chi sarà questo Signore.
Gio. S'inclina innanzi a voi, e si prosterna
 Il Baron Maccherone,
 Sapendo che voi siete un signorone.
Ric. (Bellissimo proemio.) Cioccolata. *ad un ser.*
Gio. Sedete pur. *prende una sedia e siede*
Ric. (Che asino!) *Gio.* Diciamo, che sediate.
Ric. Vi son molto obbligato.
 (Il Galateo costui non ha studiato.)
Gio. E così discorrendo... ma a proposito
 Non vien la cioccolata?
 Che casa è questa disorganizzata!
Ric. Eh presto. Cioccolata! *portano il Cioccolato*

Gio. Ehi! li biscotti.
Ric. Sì li biscotti ancor, (Non so capire
Con questo tomo come andrà a finire.)
Gio. Oh! e così discorrendo
Sul proposito nostro,
Mi conoscete voi?
Ric. Non ho tanta fortuna. *Gior.* (Tanto meglio)
Or vedete... (Che buona cioccolata!)
Siccome voi sapete che si stima
Per parte Mascolina
L'onore più della riputazione...
(Buoni questi biscotti)
E per la femminina,
Più la riputazione che l'onore,
Siamo appunto nel caso o mio Signore.
Ric. Signor, per dirvi il vero,
Del parlar vostro non intondo un zero.
Gio. Studiato non avete, ed è per questo
Che voi non mi capite.
Ric. Signore, perdonate.
I sensi vostri in carta un pò spiegate.
Gio. (Neppur so dove esiste l'a bi ci.)
Io non mi abbasso a scrivere.
Sappiate.. ch'io... ma.. no... che sì che voi...
Ric. Addio Signor ci rivedremo poi. *parte*

SCENA V.
Giorgio, indi Rosina.

Gio. Se sapesse chi sono,
Così non anderebbe la faccenda.
Ma Rosina non vedo, e questa cosa
Comincia a diventarmi un pò noiosa.
Ros. E pur lungi da Giorgio, or che mi trovo
Un tantinel di dispiacere io provo.
(Oh! un Signor.). *Gio.* (Oh! una dama.

Ros. (Chi sarà?)   Gio. (Chi sarà?)
Ros. (Giorgio.)   Gior. (Rosina!)
(Ella non mi conosce.)
Ros. (Egli non mi ravvisa)
Gio. (Zitto, zitto.)
a 2 (Io crepo dalle risa:)
Gio. Signora, mi perdoni;
Chi è lei? come si chiama?
Ros. Mi par che lei canzoni:
Non vede, che son Dama?
Quest'aria al portamento.
Il braccio... il vestimento
Basta per or così.
Come si chiama lei?
Mi faccia tant'onore.
Gio. Non vede i pregi miei?
Io sono un gran Signore
Il viso il nobil brio..
Il naso il parlar mio..
Basta per or così.
Ros. Signor eccellentissimo.
Gio. Signora eccellentissima.
Ros. Son serva sua umilissima.
Gio. Son servo suo umilissimo.
Ros. M'inchino.
Gio. Mi sprofondo.
a 2 Nò, che non v'è nel mondo
Sì rara nobiltà
Ros. Quando saprai chi sono
Più lieto non sarai;
Più smorfie non farai,
Nè parlerai così:
Gio. (Tra poco, lascia fare,
Pettegola, fraschetta,

Farò la mia vendetta
Non anderà così.)
Lo sò, che sei furbetta
Spergiura maledetta,
Ingrata disgraziata,
Crudele, ed infedele
Villana, indegna, e vana,
Superba capricciosa,
Capace d'ogni cosa!
Deh vanne, vanne al diavolo
Io non ne posso più.

Ros. Io sò che Giorgio sei.
D'iniqui sensi rei
Birbante, petulante,
Malnato, malcreato,
Geloso, ed orgoglioso,
Impertinente, matto,
Capace d'ogni fatto!
Deh! vanne, vanne al diavolo,
Io non ne posso più:

io. Cantar vò per dispetto.
Larà, larà, laralà.

os. Lo stesso a far mi metto
La rà, la rà, larala.

2 La bile in sen mi lacera:
Lo sdegno già mi soffoca:
Del mio tormento barbaro,
Amor ci hai colpa tu.
Deh vanne, vanne al diavolo
Io non ne posso più.

partono da parti opposte.

SCENA VI.
Piazzetta come sopra.
Pancotto, e Cecchino

Cec. Io vi parlo da amico, d' un tal scandalo
  Tutto il paese mormora.
Panc. Ma ch' io debba far perdere
  Tanta sorte a Rosina
  Raccontalo agli sciocchi.
Cec. Che sorte amico mio? aprite gli occhi.
  Vuol sposarla davvero? Io sò che a Napoli
  E' vicino a contrarre il matrimonio
  Con una dama. *Panc.* Oh corpo del demonio.
Cec. Ma egli vien, vediamo come pensi
  E dalle sue risposte in un momento
  Norma prender potete. *Panc.* Io son contento

SCENA VII.
Marchese e detti.

Panc. Signore io sono un uomo
  Che ha stima, onore, e riputazione.
Mar. A che vuol condur mai questo sermone?
Cec. Parlerò io per lui. S' ella si degna
  Di sposare Rosina
  Pancotto, ella lo sa, gliela destina
  Se avesse un altra idea,
  Resti pur persuasa,
  Che in un momento se la porta a casa.
Mar. Ma così su due piedi...
Panc. Un sì, o un nò mi basta.
Mar. Ma sapete qual passi differenza
  Dal grado suo al mio? Io volea fare
  La sua fortuna, gioje... oro... ricchezze.
Panc. Ho capito, ho capito,
  Servitor riverente
  Vò subito a fissare con Giorgino. *Mar.* Ma io..

Cec. Ma sappia pure il mio Signore,
   Che fra di noi, oro non compra amore *p. con Pan.*

SCENA VIII.
Marchese solo.

Di quante angustie mai
   E' cagione l'onor! Io dovrò sempre
   Per quel crudele in braccio al duol tiranno
   La mia vita condur? La mia grandezza
   Servir contro il desio? Ah nò perdona
   Mio cor; Sempre costante
   Morir saprò del caro bene amante.
      Amor pietosa accordami
         Quel caro, e vago oggetto,
         E fido a un dolce affetto
         Quest'anima sarà.
      A così bella speme
         Mi balza il cor nel seno
         Non so spiegare appieno
         La mia felicità. *parte.*

SCENA IX.
Cecco, e Giorgio.

Cec. Tranquillizzati via.
Gio. Non posso darmi pace.   *Cec.* Se ti dico
   Che tutto è fatto; e il socero Pancotto
   E' corso dal Notar di tutto trotto.
Gio. E Rosina?   *Cec.* E Rosina
   La tua sarà. Tel giuro
   Non starti a tormentare maggiormente.
Gio. A dirti il vero, non ne credo niente.
Cec. Ma sei troppo soffistico.
Gio. Soffistico
   Son per la gelosia, che mi martella;
   Che non mi da respiro: te lo dico.
Cec. Oh questa è una pazzia caro amico.

Anch'io era goloso,
Ma poi persuadendomi
Ch'era peggio per me, che ci lasciavo
Forse la vita ancora,
Quella bestia crudel mandai in malora.
Gio. Basta: mi proverò.
Cec. E poi se vuoi
Un miglior argomento,
Sentimi attento un pò.
Gio. Parla: ti sento.
Cec. Chi è geloso caro amico
   Vede quello che non è:
   Odi dunque quel che dico
   E stà attento bene a me.
   Và la sposa per esempio
   Fuor di porta a passeggiare,
   Se qualcun la stà a guardare
   Cosa diavol preme a te?
Non si guarda una cagnola,
   Una gatta, una civetta,
   E la donna ch'è perfetta
   A guardarla che mal c'è?
Sol per casa i cicisbei
   Io per me non ci vorrei,
   Sono oziosi poverini,
   Sono vuoti il lor cervelli,
   E terrei dietro la porta
   Certi bravi manganelli
   Per suonarli come và.
Questa è vera gelosia,
   Tutto il resto è una pazzia;
   Quattro schiaffi a tempo e loco
   Alla moglie, ma per gioco
   Ch'ella poi per complimento

Te ne renda almeno cento,
Qualche schiaffo, bada bene
Sì ci va e ci sta bene;
Sentirai però che chiasso
Che fracasso che sarà.
Uno schiaffo ad una donna
Che si dà per gelosia,
Uno schiaffo mamma mia
Che paura che mi fa. *parte.*

SCENA ULTIMA.
Giorgio, e Rosina, e poi tutti.

Gio. Almeno la briccona comparisse!
Ros. Giorgio trovar vorrei.
    sortendo senza veder Giorgio.
Gio. Per metter fine
 Alle nostre querele.
Ros. Per placarlo..
 Ma nò: la gelosia
 Trasportar lo farebbe in qualche eccesso.
Gio. (Eccola è qui.)
Ros. (Dove m'ascondo! è d'esso!)
Gio. (Non sò se devo il primo
 Far noto il pensier mio.)
Ros. (Non sò se dee parlare o lui, o io.
 Ma nò, io feci il male
 A me tocca cercar scusa, e perdono.)
 Giorgio, Giorgio!
Gio. Chi sei?   *Ros.* Rosina io sono.
 Rosina sì son'io,
 Non quella che ti crede,
 Ma una che ti chiede
 Perdono, e carità. *s'inginocchia.*
Gio. Se tu pentita sei,
 Mi scordo del passato,

E ti ritorno a lato
Pieno di fedeltà.
Ros. M'amerai sempre?
Gio. Sì.
Mi tradirai?
Ros. Nò nò.
a 2 Sempre dirò così
Sempre ripeterò
Pan. O bravo! cari figli!
vedendoli abbracciati.
Gior. La pace è bella; e fatta.
Chec. Sentisti i miei consigli?
Ros. Nò che non son più matta.
Len.
Lis. a 2 } Cara Sorella mia.
Cec. Cara la mia Cognata.
Tutti La cosa è riparata
Tutto in oblio ne andò.
Ric. Pentito dall'errore
Di quà men partirò,
E un innocente amore
Più disturbar non vò.
Tutti Che oro non compra amore
Sempre rammenterò.
Si dia bando ad ogni noia.
Ogni mal sen vada via,
Tutti a cena in compagnia
Con piacer vogliamo star.

Fine del Dramma.

CPSIA information can be obtained
at www.ICGtesting.com
Printed in the USA
LVHW031638281118
598533LV00023B/1153/P